DÉCRET DU 25 JUIN 1888

SUR

L'AVANCEMENT

DES LIEUTENANTS

ET SOUS-LIEUTENANTS DE RÉSERVE

SUIVI DES

PROGRAMMES D'EXAMEN

Du 15 mars 1883 sur les connaissances exigées

DES

SOUS-LIEUTENANTS ET LIEUTENANTS

PROPOSÉS POUR L'AVANCEMENT

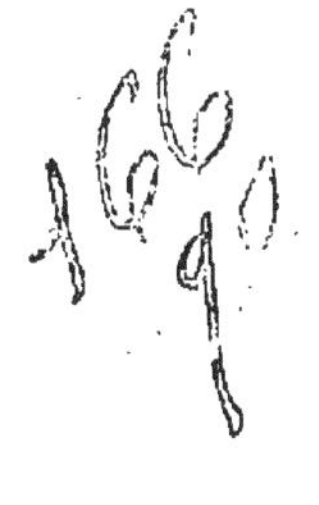

PARIS	LIMOGES
11 Place St-André-des-Arts.	46, Nouvelle route d'Aixe, 46

IMPRIMERIE ET LIBRAIRIE MILITAIRES

Henri CHARLES-LAVAUZELLE

Éditeur.

1890

DÉCRET DU 25 JUIN 1888

SUR

L'AVANCEMENT

DES LIEUTENANTS

ET SOUS-LIEUTENANTS DE RÉSERVE

DÉCRET DU 25 JUIN 1888

SUR

L'AVANCEMENT

DES LIEUTENANTS

ET SOUS-LIEUTENANTS DE RÉSERVE

SUIVI DES

PROGRAMMES D'EXAMEN

Du 15 mars 1883 sur les connaissances exigées

DES

SOUS-LIEUTENANTS ET LIEUTENANTS

PROPOSÉS POUR L'AVANCEMENT

PARIS   **LIMOGES**

11, Place Saint-André-des-Arts   Nouvelle route d'Aixe, 46

IMPRIMERIE ET LIBRAIRIE MILITAIRES

Henri CHARLES-LAVAUZELLE

Éditeur.

—

1890

RAPPORT

au Président de la République française, sur l'avancement des officiers de réserve de toute provenance.

Paris, le 25 juin 1888.

Monsieur le Président,

L'article 40 de la loi du 13 mars 1875 dispose que les anciens officiers de l'armée active pourront être pourvus dans la réserve du grade qu'ils possédaient avant leur démission ou leur retraite, et que les autres officiers de réserve ne pourront obtenir, de prime-abord, que le grade de sous-lieutenant ; ce même article reconnaît, d'ailleurs, à ces derniers, comme aux anciens officiers de l'armée active, le droit à l'avancement jusqu'au grade de capitaine.

D'autre part, l'article 45 de la même loi ajoute que « le mode et les conditions d'avancement des officiers de réserve seront réglés par des lois spéciales, et qu'il y sera pourvu transitoirement par décret du Président de la République. »

Un décret du 2 mai 1887 est intervenu, en conformité de ces dispositions, pour régler l'avancement des officiers de réserve provenant des anciens officiers de l'armée active ; mais aucune mesure n'a encore été prise à l'égard des officiers de réserve provenant des sous-officiers de l'armée active ou des engagés conditionnels. Or, l'influence du décret du 2 mai 1887 sur la composition dn cadre de réserve ne peut que rester insignifiante : le nombre des officiers appelés à en bénéficier ne concourt que dans une proportion très restreinte à la composition de ce cadre. Par contre, la partie de beaucoup la plus considérable où l'on peut espérer rencontrer des officiers zélés et capables pour les formations de mobilisation s'empresse, sitôt le moment venu, de passer dans l'armée territoriale, pour y obtenir un avancement qn'on lui refuse dans la réserve.

Pour remédier à cet état de choses, et aussi pour ne pas les priver plus longtemps d'un droit que leur confrère la loi, il y a lieu de régler l'avancement des sous-lieutenants de réserve, qui n'ont pas servi comme officiers dans l'armée active, de façon à pouvoir retenir ceux d'entre eux qui offrent toutes les garanties nécessaires au point de vue professionnel, tout en sauvegardant l'autorité du commandement et les droits acquis.

Il paraît, d'ailleurs, superflu de régler par deux décrets distincts la situation de ces deux catégories d'officiers. C'est dans cette intention qu'a été préparé le projet de décret ci-joint, qui, annulant le décret spécial du 2 mai 1887, s'appliquerait aux officiers de réserve de toute provenance.

En conséquence, j'ai l'honneur de vous prier, si vous approuvez ces propositions, de vouloir bien revêtir de votre signature ce projet de décret.

Veuillez agréer, Monsieur le Président, l'assurance de mon respectueux dévouement.

Le Ministre de la Guerre,

Signé : C. DE FREYCINET.

DÉCRET

portant règlement sur l'avancement des lieutenants et sous-lieutenants de réserve.

Paris, le 25 juin 1888.

Le Président de la République française,

Vu les lois des 14 avril 1832 et 5 janvier 1872, sur l'avancement dans l'armée ;

Vu les lois du 27 juillet 1872, sur le recrutement de l'armée, et du 24 juillet 1873, sur l'organisation de l'armée ;

Vu les articles 40, 41 et 45 de la loi du 13 mars 1875, relative à la constitution des cadres et des effectifs de l'armée ;

Vu le décret du 31 août 1878, portant règlement sur l'état des offici rs de réserve et de l'armée territoriale ;

Vu le décret du 2 mai 1887, portant règlement sur l'avancement des sous-lieutenants et lieutenants de réserve sortant de l'armée active ;

Sur le rapport du Ministre de la guerre,

DÉCRÈTE :

Art. 1er. Les sous-lieutenants et lieutenants de réserve de l'infanterie, de la cavalerie, de l'artillerie, du génie et du train des équipages peuvent obtenir de l'avancement jusqu'au grade de capitaine inclusivement.

Art. 2. Cet avancement est donné exclusivement au tour du choix : il a lieu sur toute l'arme et dans les conditions déterminées aux articles 3 à 9 du présent décret.

Ces dispositions ne sont pas applicables aux officiers de réserve, anciens élèves de l'Ecole polytechnique, placés dans les services civils, dont l'avancement continue à être régi par le décret du 20 mars 1876.

Art. 3. Les officiers de réserve non visés à l'article 2 forment, au point de vue de l'avancement, deux catégories : la première comprend les officiers sortant de l'armée active ccmme retraités ou démissionnaires ; la seconde comprend ceux qui proviennent des engagés conditionnels et des sous-officiers de l'armée active.

Les officiers de réserve de l'une et de l'autre catégorie ne peuvent être proposés pour l'avancement que s'ils réunissent les conditions d'ancienneté exigées par la loi du 14 avril 1832 et s'ils ont, en outre, subi avec succès des épreuves analogues à celles qui sont imposées aux officiers de l'armée active du grade correspondant proposés pour l'avancement.

Art. 4. Les officiers de réserve de la première catégorie ne peuvent être nommés à un grade supérieur qu'après tous les officiers de l'armée active qui avaient la même ancienneté qu'eux, ou une ancienneté supérieure, au moment où leur radiation des cadres a été prononcée.

Les sous-lieutenants de réserve de la deuxième catégorie ne peuvent être proposés pour le grade de lieutenant qu'après avoir atteint l'époque légale de leur passage dans l'armée territoriale et avoir fait connaître leur désir d'être maintenus dans les cadres de la réserve; ils ne peuvent être promus à ce grade et ultérieurement à celui de capitaine qu'après tous les officiers de l'armée active d'une ancienneté supérieure ou égale à la leur.

Art. 5. L'ancienneté de grade des officiers de réserve est déterminée par la date du décret de nomination à ce grade, soit dans l'armée active, soit dans la réserve.

Art. 6. Le temps passé dans leurs foyers par les officiers de réserve compte pour l'ancienneté de grade.
Le temps passé dans la position hors cadres et le temps de la suspension sont déduits de l'ancienneté.

Art. 7. Les propositions pour l'avancement en faveur des officiers de réserve sont établies, soit au moment où lesdits officiers quittent l'armée active par retraite ou démission, soit ultérieurement à la suite d'une convocation pour le service.
La constatation de leur aptitude a lieu dans la même forme que pour les officiers de l'armée active.

Art. 8. Les propositions ainsi établies sont soumises, chaque année, à la suite de l'inspection générale, à l'examen des commissions régionales de classement.
Les candidats admis par la commission régionale sont classés par ordre de mérite sur une liste dressée par grade, pour chaque arme.
Les listes régionales de classement ainsi établies sont adressées au Ministre, qui fixe le nom-

bre des candidats à prendre en tête de chacune d'elles ; les listes ainsi réduites sont fusionnées par arme et par grade en une liste unique, établie par ordre d'ancienneté, qui constitue le tableau définitif d'avancement.

Art. 9. Les candidats qui figurent sur les tableaux d'avancement ainsi établis sont nommés au fur et à mesure des besoins de chaque arme.

Ils ne peuvent être rayés du tableau d'avancement que dans les mêmes conditions que les officiers de l'armée active.

Art. 10. En temps de guerre, ou lorsqu'ils sont employés hors d'Europe, l'Algérie et la Tunisie exceptées, les officiers de réserve pourront obtenir de l'avancement jusqu'au grade de capitaine, dans les mêmes conditions que les officiers de l'armée active.

Les grades ainsi obtenus ne leur créent aucun droit pour être maintenus dans l'armée comme officiers de l'armée active.

Art. 11. A grade égal, les officiers de l'armée active auront le commandement sur les officiers de réserve ; toutefois, ceux de ces derniers qui ont déjà servi dans l'armée active conservent les droits au commandement que leur conférait leur rang d'ancienneté au moment où ils ont quitté l'armée.

Les officiers servant dans la réserve avec le grade dont ils étaient pourvus dans l'armée active auront le commandement sur les officiers de réserve de même grade.

Art. 12. Les capitaines de réserve qui n'ont pas été pourvus du grade de capitaine dans l'ar-

mée active ne peuvent exercer que temporaire-
ment le commandement d'une compagnie, d'un
escadron ou d'une batterie.

Art. 13. Tous les ans, le Ministre fixe le nombre des capitaines et lieutenants de réserve de
chaque arme.

Art. 14. Le Ministre de la guerre est chargé
de l'exécution du présent décret, qui abroge celui
du 2 mai 1887.

Fait à Paris, le 25 juin 1888.

Signé : CARNOT.

Par le Président de la République :

Le Ministre de la guerre,

Signé : C. DE FREYCINET.

PROGRAMMES

DU 15 MARS 1883

SUR LES CONNAISSANCES EXIGÉES

DES

SOUS-LIEUTENANTS, LIEUTENANTS ET CAPITAINES

PROPOSÉS POUR L'AVANCEMENT

Mon cher Général,

Les changements importants qui ont été introduits pendant les dix dernières années dans la législation et l'administration militaires ont rendu nécessaire la revision des programmes établis en 1873 pour déterminer les connaissances administratives dont les capitaines, lieutenants et sous-lieutenants proposés pour l'avancement au choix sont tenus de justifier en vertu des décisions ministérielles des 2 et 7 février 1872 et 9 mai 1873.

Examen fait des propositions qui ont été demandées à cet égard, par lettre collective du 28 juin 1882, aux généraux commandant les corps d'armée et aux inspecteurs généraux de toutes armes, j'ai reconnu la convenance de faire subir aux programmes dont il s'agit un remaniement plus complet qu'une simple mise à jour.

A l'époque, en effet, où l'on a étendu à tous les candidats à l'avancement au choix l'obligation d'un examen administratif qui n'était précédemment exigé que pour constater l'aptitude aux fonctions spéciales de major et d'officier comptable des corps de troupe, on s'était proposé pour but de pouvoir appeler indistinctement à ces emplois tous les officiers qui seraient promus au tour de choix. C'est ce qui explique le développement donné aux programmes et l'importance relative attribuée au résultat de l'épreuve dans l'appréciation des titres des candidats à l'avancement.

Mais, l'expérience n'a pas tardé à faire voir que la connaissance un peu superficielle de l'administration, telle qu'elle peut résulter de la préparation de cet examen, ne saurait remplacer l'instruction plus complète et l'aptitude plus particulière qui se révèlent dans un concours, ni surtout la pratique que donne l'exercice prolongé de la fonction. Aussi, en présence de l'inexpérience généralement signalée aujourd'hui chez le personnel administratif trop souvent renouvelé des corps de troupe, il a fallu revenir aux anciens errements, et la circulaire du 30 novembre 1882 a rétabli le recrutement des majors, trésoriers et officiers d'habillement au moyen de listes d'aptitude dressées à la suite d'examens spéciaux.

Dans ces nouvelles conditions, au lieu d'exiger à l'avenir de la généralité des officiers proposés pour l'avancement les connaissances relativement étendues, réclamées pour l'exercice des fonctions administratives proprement dites, il suffira de constater qu'ils possèdent les notions indispensables au lieutenant pour sauvegarder les droits de sa troupe, au capitaine pour diriger l'administration de sa compagnie, à l'officier supérieur pour faire partie du conseil d'administration de son régiment. Comme un examen théorique ne saurait d'ailleurs remplacer à cet égard la pratique journalière, il convient d'élaguer des programmes les détails de forme ou de chiffres qui surchargeraient inutilement la mémoire, pour s'attacher de préférence aux principes généraux et à l'esprit des règlements.

A un autre point de vue, les programmes de 1873 m'ont paru défectueux en ce qu'ils font une part trop large à l'administration proprement dite par rapport à la législation militaire. Il n'est par permis à un officier d'ignorer l'organisation générale de l'armée et le fonctionnement d'ensemble de ses services, tels qu'ils ont été réglés par les lois fondamentales de 1872, 1873, 1875, 1880, 1882 : l'étude de ces lois doit tenir en conséquence une place importante dans les nouveaux programmes.

Enfin, j'ai reconnu la justesse des observations qui ont été présentées sur les inconvénients des examens trop multipliés. J'ai décidé, par suite, que le certificat d'aptitude administrative délivré à un officier proposé pour un grade continuera à être valable jusqu'à sa promotion à ce grade, et qu'en outre l'examen exigé des sous-lieutenants sera réduit à une simple interrogation sur un programme très restreint, sans composition écrite.

Les trois programmes ci-joints, destinés à remplacer les deux programmes du 15 juillet 1873, ont été préparés dans l'esprit que je viens d'indiquer. Ils seront mis en application à l'inspection générale de 1883.

Ainsi définie, l'épreuve d'administration suffira pour maintenir à un niveau convenable, dans les corps d'officiers, la connaissance des lois et des règlements administratifs, sans absorber le temps dont ils ont besoin pour se préparer à l'*examen professionnel, criterium principal* de l'instruction des officiers combattants.

Le Ministre de la guerre,

THIBAUDIN.

Programme des connaissances exigées des capitaines proposés pour l'avancement.

(Ce programme remplace celui du 15 juillet 1873.)

Paris, le 15 mars 1883.

EXAMEN ORAL.

PREMIÈRE PARTIE. — LÉGISLATION MILITAIRE.

Recrutement.

Loi du 15 juillet 1889.

Décrets du 28 septembre 1889 sur les engagements et rengagements.

Loi du 18 mars 1889, relative au rengagement des sous-officiers.

Organisation.

Loi d'organisation générale du 24 juillet 1873 et décret du 6 août 1874.

Lois des 13 mars et 15 décembre 1875, 25 juillet 1887, sur les cadres et effectifs de l'armée.

Loi du 7 juillet 1877 et décret du 1er août 1877, sur le service hospitalier.

Loi du 20 mars 1880, sur le service d'état-major. Décret et instruction du 21 décembre 1886.

Loi du 16 mars 1882, sur l'administration de l'armée. Règlements du 25 novembre 1889 sur le service de santé, du contrôle (28 octobre 1882) et de l'intendance (16 janvier 1883).

Réquisitions.

Loi du 3 juillet 1877 et décret du 2 août 1877.

Avancement.

Loi du 14 avril 1832.

Ordonnance du 16 mars 1838 (titres 1, 2, 3, 4).

Décret du 22 mars 1883, instituant une école militaire d'infanterie.

Décrets et instruction du 4 novembre 1886, sur l'organisation de l'Ecole de sous-officiers de l'artillerie, du génie et du train des équipages militaires.

Décret du 25 mai 1883, sur l'organisation de l'Ecole d'application de cavalerie.

Décr. 25 juin.  2

Décret du 25 juin 1888, sur l'avancement des lieutenants et sous-lieutenants de réserve.

Décret du 19 octcbre 1887, sur l'avancement des officiers de l'armée territoriale.

Pensions de retraite.

Lois des 11 avril 1831 et 25 juin 1861.

Loi du 22 juin 1878, relative aux pensions de retraite des officiers.

Loi du 18 août 1879, sur les pensions des sous-officiers, caporaux et soldats.

Loi du 18 août 1881, sur les pensions des anciens militaires et de leurs veuves.

Etat des officiers.

Loi du 19 mai 1834.

Décret du 31 août 1878, sur l'état des officiers de réserve et de l'armée territoriale.

Décrets des 29 juin 1878 et 8 juin 1879 sur les conseils d'enquête.

Justice militaire.

Code de justice militaire du 9 juin 1857 (livres I et II).

Loi du 18 mai 1875, modificative du Code de justice militaire.

Loi du 18 novembre 1875, coordonnant les nouvelles lois avec le Code de justice militaire.

Etat civil aux armées.

Décret du 16 juin 1808 et instruction du 8 mars 1823 (Actes de l'état civil, testaments, procurations).

Circulaire du 2 septembre 1881 (Plaques d'identité).

DEUXIÈME PARTIE. — ADMINISTRATION MILITAIRE.

Administration et comptabilité des corps de troupe.

Organisation des conseils d'administration.

Agents des conseils et leur responsabilité (Règlement du 14 janvier 1889).

Immatriculation des hommes et des chevaux, — Registre matricule.

Recettes et dépenses faites par les corps de troupe. — Fonds du conseil. — Fonds du trésorier. — Généralités sur les registres de la comptabilité en deniers et sur les comptes à produire.

De l'habillement dans les corps de troupe. — Effets de diverses natures. — Distributions. — Répartitions, réintégrations. — Généralités sur les registres de comptabilité de l'habillement et sur les comptes à produire (Règlement et instruction du 16 novembre 1887).

De l'armement dans les corps de troupe. — Distributions, réparation, entretien (Règlement du 30 août 1884).

Administration des compagnies, escadrons et

batteries. — Livrets matricules et livrets individuels. — Registre de comptabilité trimestriel.
— Payement du prêt. — Perception des prestations en nature (Règlement du 14 janvier 1889).

Comptabilité des corps de troupe en campagne (Décret du 10 juin 1889).

Des ordinaires. — Recettes et dépenses de
l'ordinaire. — Livret d'ordinaire. — Commission des ordinaires ; ses opérations (Décret du
28 décembre 1883. — Règlement du 23 octobre
1887).

Des écoles régimentaires (Règlement spécial
à l'arme : 16 décembre 1882 et 17 janvier 1883
(cavalerie) ; 31 juillet 1879 (infanterie) ; 1er septembre 1888 (artillerie).

Service de la solde.

Positions ouvrant des drcits divers à la solde.
– Accessoires de solde. — Hautes payes. —
Indemnités (Règlement du 8 juin 1888).

Des masses. — Masse d'habillement et d'entretien. — Masse d'entretien du harnachement
et ferrage. — Masse des écoles. — Masse du
chauffage (Règlement du 14 janvier 1889. —
Règlement et instruction du 16 novembre 1887,
pages 800 et 855. — Décret du 27 novembre
1887, page 963, et instruction du 22 décembre
1887, page 1105. — Décret du 15 février 1890.

Service des subsistances militaires.

Composition de la ration journalière des hommes et des chevaux. — Des distributions. —

Bons de distribution. — Contestations en matière de distributions. — Vivres remboursables (Règlement du 26 mars 1866, titre IV, chapitre V. — Décret du 28 décembre 1883).

Alimentation en campagne. — Officiers d'approvisionnement (Instruction du 12 avril 1889).

Service du logement.

Casernement. — Locaux. — Mobilier. — Occupation des locaux. — Dégradations (Règlement du 30 juin 1856, titres I, III, IV, V, VI, VIII, IX. — Décret du 28 décembre 1883).

Logement chez l'habitant (Loi du 3 juillet 1877 et décret du 2 août 1877, sur les réquisitions : partie relative au logement).

Lits militaires, distributions, réintégrations, dégradations. — Blanchissage du linge de la troupe (Règlement du 30 septembre 1886, page 559).

Service de santé.

Fonctionnement des infirmeries régimentaires (Décret du 28 décembre 1883, sur le service intérieur, et règlement du 25 novembre 1889, sur le service de santé. — Règlement du 30 juin 1856, articles 24 et 57. — Note ministérielle du 23 janvier 1885, page 137).

Hôpitaux. — Personnel du service. — Opérations auxquelles donne lieu l'entrée d'un homme à l'hôpital. — Sorties. — Dispositions spéciales pour les détenus (Règlements du 28 décembre 1883 et du 25 novembre 1889. — Loi du 7 juillet 1877 et décret du 1er août 1879. — Loi du 16 mars 1882).

Service de marche.

Service de l'indemnité de route (Décret du 12 juin 1867, moins le titre III. — Décret du 29 janvier 1879. — Décisions présidentielles des 10 juillet et 5 août 1879).

Service des convois militaires. — Organisation et exécution (Chapitres 2 et 3 du cahier des charges du 17 avril 1874).

Transports généraux de la guerre. — Notions générales (Traité du 22 décembre 1879 et instruction du 31 décembre 1879).

Transports militaires par chemins de fer (Règlement du 19 novembre 1889 et décision du 20 juillet 1888. — Appendice concernant l'arme à laquelle appartient l'officier).

Nota. — Les interrogations porteront principalement sur l'esprit des institutions, le fonctionnement général des services, les attributions et la responsabilité des personnels. La connaissance du détail administratif ne sera exigée que pour ce qui concerne l'administration intérieure d'une compagnie, d'un escadron ou d'une batterie, selon l'arme du candidat.

La connaissance des règlements nouveaux sur les matières contenues au programme sera exigée dans l'année qui suivra leur promulgation.

COMPOSITIONS ÉCRITES.

Le sujet des compositions écrites sera pris dans diverses parties des matières contenues au présent programme. La commission indiquera la forme à donner au sujet, qui devra être traité séance tenante, sans l'aide d'aucun livre, règlement ou instruction.

Le Ministre de la Guerre,

THIBAUDIN.

Programme des connaissances exigées des lieutenants proposés pour l'avancement. — (Du 15 mars 1883.)

(Ce programme remplace celui du 15 juillet 1873.)

EXAMEN ORAL.

PREMIÈRE PARTIE. — LÉGISLATION MILITAIRE.

Recrutement.

Loi du 15 juillet 1889.

Décret du 28 septembre 1889 sur les engagements et les rengagements.

Loi du 18 mars 1889, sur le rengagement des sous-officiers.

Organisation.

Loi d'organisation générale du 24 juillet 1873.

Lois des 13 mars et 15 décembre 1875, et 25 juillet 1887, sur les cadres effectifs de l'armée (Généralités et détails sur l'arme à laquelle appartient l'officier).

Loi du 16 mars 1882, sur l'administration de l'armée (Principes généraux).

Réquisitions.

Loi du 3 juillet 1877 et décret du 2 août 1877.

Avancement.

Loi du 14 avril 1832.

Ordonnance du 16 mars 1838 (titres 1, 2, 3, 4).

Etat des officiers.

Loi du 19 mai 1834.

Décrets des 29 juin 1878 et 8 juin 1879, sur les conseils d'enquête.

Justice militaire.

Code de justice militaire du 9 juin 1857 (livres I et II.)

Loi du 18 mars 1875, modificative du Code de justice militaire.

État civil aux armées.

Décret du 16 juin 1808 et instruction du 8 mars 1823 (Actes de l'état civil).

Circulaire du 1er septembre 1881 (Plaques d'identité).

DEUXIÈME PARTIE. — ADMINISTRATION MILITAIRE.

Administration intérieure des compagnies, escadrons et batteries.

Administration d'une compagnie, d'un escadron ou d'une batterie (selon l'arme à laquelle appartient l'officier). — Livrets matricules et livrets individuels. — Registre de comptabilité trimestriel. — Payement du prêt. — Perception des prestations en nature (Règlement du 14 janvier 1889.

Habillement. — Effets de diverses natures. — Distributions, réparations, réintégrations (Règlement et instruction du 16 novembre 1887).

Armement. — Distributions, réparations, entretien (Règlement du 30 août 1884).

Ordinaires. — Recettes et dépenses de l'ordinaire. — Livret d'ordinaire. — Commission des ordinaires; ses opérations (Décret du 28 décembre 1883. — Règlement du 23 octobre 1887).

Service de la solde.

Positions ouvrant des droits à la solde. — Accessoires de solde. — Hautes payes. — Indemnités (Règlement du 8 juin 1883).

Règlement des comptes de la solde. — Objet et règles générales d'établissement des feuilles de journées (Règlement du 14 janvier 1889).

Service des subsistances.

Composition de la ration journalière des hommes et des chevaux. — Distributions. — Bons de distribution. — Contestations en matière de distribution. — Vivres remboursables (Règlement du 26 mai 1866, titre IV, chapitre V. — Décret du 28 décembre 1883).

Alimentation en campagne. — Fonctions de l'officier d'approvisionnement (Instruction du 12 avril 1889).

Service du logement.

Casernement. — Locaux. — Mobilier. — Occupation des locaux. — Dégradations (Règlement du 30 juin 1856, titres I, III, IV, V, VI, VIII, IX. — Décret du 28 décembre 1883).

Lits militaires. — Distributions. — Réintégrations. — Dégradations. — Blanchissage du linge de la troupe (Règlement du 30 septembre 1886).

Service de santé.

Infirmiers régimentaires, leur fonctionnement (Décret du 28 décembre 1883, service intérieur, et règlement du 25 novembre 1889, service de santé. — Règlement du 30 juin 1856, art. 24 et 57. — Note ministérielle du 23 janvier 1885).

Hôpitaux. — Opérations auxquelles donne lieu l'entrée d'un homme à l'hôpital (Règlement du 25 novembre 1889, service de santé, et décret du 28 décembre 1883, service intérieur).

Service de marche.

Transports militaires par le chemin de fer. — Règles militaires concernant l'arme à laquelle appartient l'officier (Appendice à la décision du 20 juillet 1888).

Nota. — Les interrogations porteront principalement sur l'esprit des institutions, le fonctionnement général des services, les attributions et la responsabilité des personnels. La connaissance du détail administratif ne sera exigée que pour ce qui concerne les fonctions de l'officier de peloton, l'officier de casernement, l'officier de distribution et l'officier d'approvisionnement.

La connaissance des règlements nouveaux sur les matières contenues au programme sera exigée dans l'année qui suivra leur promulgation.

COMPOSITION ÉCRITE.

Le sujet de la composition écrite sera pris dans les matières indiquées au programme. La commission indiquera la forme à donner au sujet, qui devra être traité séance tenante, sans l'aide d'aucun livre, règlement ou instruction.

Le Ministre de la guerre,
THIBAUDIN.

Programme des connaissances exigées des sous-lieutenants proposés pour l'avance-ment. — (Du 15 mars 1883.)

(Ce programme remplace celui du 15 juillet 1873.)

EXAMEN ORAL.

PREMIÈRE PARTIE. — LÉGISLATION MILITAIRE.

Organisation.

Notions générales sur l'organisation militaire, d'après les lois du 24 juillet 1873 et des 13 mars, 15 décembre 1875.

Réquisitions.

Loi du 3 juillet 1877 et décret du 2 août 1877

État des officiers.

Loi du 19 mai 1834. — Décrets des 29 juin 1878 et 8 juin 1879, sur les conseils d'enquête.

DEUXIÈME PARTIE. — ADMINISTRATION MILITAIRE.

Service de l'officier de peloton.

Ordinaires. — Recettes et dépenses de l'ordinaire. — Livret d'ordinaire. — Commission des ordinaires (Décret du 28 décembre 1883. — Règlement du 23 octobre 1887).

Payement du prêt. — Perception des prestations en nature. — Distributions, réparations, réintégration des effets d'habillement et des armes (Règlement du 14 janvier 1889. — Règlement du 30 août 1884).

Masse d'habillement et d'entretien (Règlement et instruction du 16 novembre 1887). — Masse du chauffage (Décret du 15 janvier 1890).

Service de l'officier de distribution.

Composition de la ration journalière des hommes et des chevaux. — Distributions. — Bons de distribution. — Marche à suivre en cas de contestations (Règlement du 26 mars 1866, titre IV, chapitre V. — Décret du 28 décembre 1883).

Service de l'officier d'approvisionnement.

Alimentation en campagne (Instruction du 12 avril 1889).

Service de l'officier de casernement.

Casernement. — Locaux. — Mobilier. — Occupation des locaux. — Dégradations (Règlement du 30 juin 1856, titres I, III, IV, V, VI, VIII, IX. — Décret du 28 décembre 1883).

Lits militaires. — Distributions. — Réintégrations. — Dégradations. — Blanchissage du linge de la troupe (Règlement du 30 septembre 1886).

Nota. — Les interrogations sur la législation ne porteront que sur les lignes générales de l'organisation et le fonctionnement d'ensemble des services. En matière administrative, elles porteront exclusivement sur ce qui se rapporte au service normal des lieutenants dans les corps de troupe.

La connaissance des règlements nouveaux sur les matières contenues au programme sera exigée dans l'année qui suivra leur promulgation.

Il ne sera pas fait de composition écrite.

Le Ministre de la guerre,

THIBAUDIN

LISTE DES RÈGLEMENTS
Edités par la Maison H. CHARLES-LAVAUZELLE
ET MENTIONNÉS DANS LE PROGRAMME

Programme du 15 mars 1883................... 0.50
Loi du 18 mars 1889....................... 0.35
  Relié.. .... 0.60
Décret du 21 décembre 1886.................. 0.50
Loi du 20 mars 1880........................ 0.50
Loi du 16 mars 1882........................ 0.15
Loi du 3 juillet 1877 et décret du 2 août 1877. 1.05
  Relié 1.80
Manuel sur les pensions de retraite........... 1.00
Décret et instruction du 4 novembre 1886...... 0.50
Loi du 19 mai 1834......................... 0.20
Code de justice militaire.................... 2.00
Décret du 16 juin 1808 et instr. du 8 mars 1823. 0.60
Règlement du 14 janvier 1889................. 3.00
Décret du 1er mars 1890..................... 0.20
Règlement et instr. du 16 novembre 1887...... 0.70
Règlement du 30 août 1884................... 2.50
Règlement du 23 octobre 1887................ 0.50
Règlement du 17 janvier 1883................ 0.50
Règlement du 31 juillet 1879................ 1.25
Règlement du 1er septembre 1888............. 0.50
Règlement du 8 juin 1883.................... 1.30
Décret du 27 nov. 1887 et instr. du 27 mai 1888. 0.50
Décret du 15 janvier 1890................... 0.50
Instruction du 12 avril 1889................ 0.75
Décret du 28 décembre 1883.................. 1.50
Règlement du 30 juin 1856................... 2.00
Décret du 12 juin 1867..................... 0.90
Règlement du 18 novembre 1889.............. 0 60
Règlement du 19 novembre 1889.............. 0 60
Décision du 20 juillet 1888................. 2.50
Appendices par arme des transports militaires
  par chemin de fer...................... 1.00
Vade-mecum administratif................... 2.00
Condition civile et politique des militaires..... 0.60
  Relié 1 20
Règlement du 20 novembre 1889.............. 1.40

Paris et Limoges. — Imp. militaire Henri CHARLES-LAVAUZELLE.

www.ingramcontent.com/pod-product-compliance
Ingram Content Group UK Ltd.
Pitfield, Milton Keynes, MK11 3LW, UK
UKHW020055080726
13614UKWH00005B/2009